LE VOYAGE DE MON PÈRE…MON DÉPART !

Écrit par Michel Djiwonou
Mis en scène par Yse Boberiether
Illustration 1ère de couverture par Jean-Marc Le jeune

ISBN (version papier) : 978-2-9576776-0-3
Dépôt légal : avril 2022
Imprimé à la demande par Amazon

À Lisa, Joakim et Noa, les branches de notre arbre.

À Sophie, guerrière depuis si longtemps.

À Papa, Maman, Stéphane et Cécile, les murs porteurs de mon refuge.

À Nathalie, pour l'éternité et même après...

LE VOYAGE DE MON PÈRE... MON DÉPART !
(Seul en scène)

PERSONNAGES

PÈRE

MICHEL, fils du père

LISA, *fille de Michel*

YAWO, *père (jeune) de Michel*

BENJAMIN, *copain d'enfance de Yawo*

BENOIT, *élève de la classe de Michel*

DOCTEUR, *chirurgien*

CATHY, *Amour inavoué et secret de Michel*

UN ARRIVANT, *un immigré venant du Togo*

UN PARTANT, *un jeune en partance pour le Togo*

ACTE I

SCÈNE 1

L'ouverture se fait sur une pièce dans la pénombre. Michel est endormi à son bureau. Sur ce bureau, des feuilles, une paire de lunettes, un pot avec de la terre à l'intérieur. Michel est assoupi et tête baissée. La voix OFF de sa fille vient le réveiller et ils engagent une conversation.

Lisa

Papa, maman m'a dit que tu allais peut-être partir au Togo, c'est vrai ?

Michel

Je ne sais pas, ma chérie. Il me faudrait une bonne raison, tu sais.

Lisa

Bah, Papi ! Papi, c'est une bonne raison. Et je sais aussi que la famille du pays appelle de plus en plus à la maison.

Michel

Oui… Oui, c'est vrai. Mais il n'est plus tout jeune, Papi, tu sais. La dernière fois que je l'ai vu, tout allait bien. Nous dînions ensemble au restaurant chinois, tu sais, celui à côté du rond-point, près du collège. Peu après, il est retourné en Afrique.

Lisa

Il va mourir ?

Michel

Non.

Lisa

Tu es fâché avec lui ?

Michel

Non !

Lisa

Tu ne lui causes plus, à Papi ?

Michel

Non... mais pourquoi tu dis ça ?

Lisa

Tu ne lui parles plus ?

Michel

Je ne sais pas si on s'est déjà parlé une seule fois, avec
Papi, tu comprends ?

Lisa

Impossible que tu ne connaisses pas ton propre papa !

Michel

C'est plus compliqué que ça… Disons que je regrette
toutes les fois où les silences ont pris la place.

Lisa

Tu me dis toujours qu'il n'est jamais trop tard. Qu'il
faut toujours essayer, qu'un singe qui ne peut
atteindre un fruit en haut d'un arbre dit de lui qu'il est
amer.

Michel

Vous, les gosses, vous retenez tout. Dis donc, il ne
serait pas l'heure d'aller manger, par hasard ?

Lisa
Pas avant que tu me racontes une histoire de Papi.
Allez, Papa, un souvenir de Papi, quelque chose…

Michel

Ok, mais après avoir mangé, promis !

Lisa

Ok, je remonte.

Michel

À tout à l'heure Lisa. Je t'aime.

***Michel prend une poignée de terre dans le pot qui est
sur la table, il la respire, l'air pensif, puis entame un
monologue.***

C'est vrai que Papa ne s'encombrait de rien. Très tôt, mon
père avait compris que tous les instants silencieux qu'on
passait ensemble, lui et moi, voulaient dire quelque chose.
Encore fallait-il les écouter. Aujourd'hui je regrette tous
ces moments taciturnes que je n'ai pas eus avec mon père.
J'étais trop obstiné à vouloir les combler de mots
grotesques, de mots inutiles et maladroits, même, parfois.

Papa s'était emmuré avec des parpaings de secrets et du
ciment de non-dits. Et bien que nous, ses enfants, avions
tous la clé de cette pièce, il n'attendait que nous pour les
partager. Et puis un soir, peu avant son départ pour
l'Afrique, les murs se lézardèrent.

Michel se lève et regarde le public en face

Je me souviens, c'était l'escalade ce soir-là ***Michel se dirige
vers l'avant-scène***, les montagnes russes émotionnelles.
Papa était en face de moi et parlait. Un flot continu qui
s'intensifiait au fur et à mesure que les souvenirs lui
remontaient à la surface. Les mots de mon père me
racontaient, je comprenais petit à petit pourquoi son rêve
n'était pas le mien.

Je me souviens que sa concentration était grande et, comme à son habitude, il faisait preuve d'une acuité toute particulière lorsqu'il me parlait de lui, de sa construction personnelle, de sa construction intime, de tous les événements du passé qui ont fait de lui l'homme qu'il est aujourd'hui. Mais que faire de tous ses souvenirs ? Se pouvait-il qu'un jour tout cela tombe dans l'oubli ?

Je l'observais et l'écoutais avec une grande avidité. Et là, s'installa en moi cette inéluctable certitude qu'on a tous eue au moins une fois dans sa vie. Un jour, mon père va mourir. Il aura lui aussi une plaque de marbre dans un cimetière, avec une belle épitaphe. Un jour, il s'en ira. Assis, face à ce tableau vieilli et voûté comme une gargouille, je me rendais compte que Papa allait nous quitter. Mais quand ?

Alors, j'eus peur et je me mis à écrire. Écrire, contre l'oubli. Écrire, contre l'ennui. Écrire pour raconter, plus par nécessité que par envie. ***Michel se dirige vers son bureau, prend de la terre à l'intérieur du pot, la renifle.*** Écrire, parce que la terre ça ne parle pas.

Michel se dirige en milieu fond de scène et éparpille de la terre autour de ses pieds, pour y laisser des empreintes. Il questionne son père : « Dis papa, tu as des souvenirs de bonheur quand tu étais jeune en Afrique ? »

SCÈNE 2

Michel est transformé en son père, dos vouté.

Tu sais, mon fils, quand on est un gosse et adopté, de surcroît, au Togo, on revoit ses exigences à la baisse. Disons que la vie m'a fait un cadeau mais que la boîte était vide ; j'ai dû la remplir moi-même. ***Il s'éponge le front avec un mouchoir.*** Il y a des figures, des personnages plus que bienveillants, parfois d'une dureté à la limite de la maltraitance. Il y a l'école. Dans laquelle ça chicotait pas mal. J'ai d'ailleurs une théorie à ce propos : les châtiments corporels devaient être inscrits dans les programmes de l'Éducation Nationale togolaise, noir sur blanc. Quand j'y repense, j'en ai encore mal. Mais j'ai évité le pire. Très tôt malade, mon espérance de vie ne pouvait pas dépasser une dizaine d'années. Mon père prit donc la décision de me confier à l'ami d'un ami, c'est comme ça qu'on fait chez nous. Il habitait la capitale et, en échange de mes services, il s'engageait à me soigner. Je ne savais pas encore qu'une vie de labeur m'attendait là-bas, à 11 ans à peine.

Avant ça, le bonheur ? Pff… J'y goûtais très peu, d'autant plus que mes souvenirs sont dans le brouillard. Mais s'il y a quelqu'un dont je me souviens, c'est Benjamin ! Mon demi-frère. Huit jours d'écart, nous avions, à la naissance. Benjamin était un gamin bourru, costaud, vif. Ah, je l'enviais… Moi, Yawo, j'étais petit, chétif, timide, et surtout j'étais malade.

Ah, Benjamin… Je revois nos bêtises. Je le revois transmettre des lettres d'amour de Monsieur Afa-Tchao, notre maître, à la plantureuse Madame Wovi. Ce dernier y glissait toujours quelques Francs cfa. Mais Benjamin avait une technique infaillible pour ouvrir les enveloppes et, par conséquent, faire gonfler son épargne. Ah, Benjamin...

SCÈNE 3

Michel est transformé en Benjamin. Assis, à cour devant scène.

Yawo, Yawo, viens ! J'ai la lettre, assieds-toi : 500 pour toi, 500 pour moi, 500 pour toi, 500 pour moi, et... 500 pour moi. Qui prend les risques ? Qui mérite la chicote si on se fait attraper ? Alors, qu'est-ce qu'il a écrit ? ***Il se met à lire la lettre.*** *« Chère Madame Wovi, vos beaux yeux me font mourir d'amour...,* il a pris ça dans un livre, *...vous voir passer chaque matin devant chez moi remplit mon cœur de bonheur. Votre silhouette ca..lli...pyge.* Callipyge ? Qu'est-ce que ça veut dire ça ? *votre silhouette callipyge excite tous mes sens. Je serai votre lion et vous serez ma gazelle, ainsi je planterai mes crocs dans votre chair. Retrouvons-nous vendredi soir à La Cuillère d'Argent, place de Lomé, pour un dîner en amoureux. N'oubliez-pas de ramener avec vous l'argent que je vous fais parvenir depuis maintenant trois semaines. Il nous servira à régler l'addition.* Eh, Yawo, rends-moi les sous ! Je pense que je vais en avoir besoin.

Il se relève et redevient le père.

La sentence eut lieu sur la place du village. Lorsque Monsieur Afa-Tchao comprit le manège, je le revois venir devant la case de nos parents, empoigner Benjamin. Je le revois le traîner au centre du village où trônait un majestueux palmier. « Choisis une branche », lui dit-il.

Puis, en s'adressant à nous : « Tenez-le, tenez-le bien ».
Cinquante coups, cinquante coups ! As-tu la moindre idée
de ce que cela représente de tenir son propre frère
recevant une telle correction ? Je crois bien que Monsieur
Afa-Tchao fit exprès de se tromper dans son comptage, si
bien qu'il recommença encore et encore.

Je me souviens lui avoir pansé les plaies des fesses
pendant une petite semaine avant qu'il ne recommence à
marcher. Mais tu sais, à bien y réfléchir, tout ce temps
passé à ses côtés, c'était un juste retour des choses.
D'ailleurs, une fois...

SCÈNE 4

Michel est transformé en Yawo. À cour, fond de scène.

Je l'avais posée ici, j'en suis sûr, je m'étais repéré avec cet
arbre...J'avais posé la ratière juste là. Cherche, au lieu de
rigoler. Tu te moques de moi ? tiens-moi la bêche, tiens-
moi la bêche et cherche de ton côté! J'étais sûr de l'avoir
posée là. ***Yawo aperçoit quelque chose et prend peur. Il
bondit en arrière et se retrouve par terre.***
Non, non, n'y va pas, c'est un serpent, il est énorme, n'y va
pas. On rentre, on va chercher mon frère. ***Il entraine
Benjamin en fond de scène à cours, mais prend peur en
voyant Benjamin brandir la bêche dans sa direction. Il se
protège avec son bras, se met à crier et se retrouve à
nouveau par terre.***
Benjamin, Benjamin ! ***Ouvrant les yeux, il découvre ce que
Benjamin visait derrière lui et recule aussitôt.***
Merci, Benjamin.

Il se relève et se transforme à nouveau en son père.

Je n'avais pas remarqué le deuxième reptile derrière moi. Benjamin, si. La seule chose que je vis, ce fut l'éclair blanc de la partie métallique de la bêche qui fendit l'air pour finir sa course sur le crâne de l'animal. À coup sûr, Benjamin venait de m'éviter de terribles souffrances, peut-être même, venait-il de me sauver la vie.

Mais je te rassure, mon fils, il m'en doit pas mal aussi. Le nombre de fois où je me suis sacrifié pour qu'il récupère la part belle, lorsque nous écumions les fêtes de villages. Danseur hors pair, Benjamin avait ce déhanché qui faisait chavirer les cœurs. Il savait endormir les filles lorsqu'il avait fait son choix et il obtenait toujours ce qu'il voulait. Si par malheur nous tombions sur un duo, assurément il récupérait la Belle et moi la Bête. S'il fallait fomenter une action d'éclat, nous avions un petit manège bien rôdé et infaillible.

SCÈNE 5

Il y a de la musique. Michel est transformé en Yawo. Il se dirige vers son jeune ami, Benjamin, à jardin en avant-scène.

Celle avec le pagne bleu… Hum, j'ai fait mon choix. Comment ça, toi aussi ? Benjamin, c'est toujours toi qui choisis, la semaine dernière déjà. J'en ai marre. Ok, c'est bon j'y vais, mais tu viens vite Benjamin… *Il se dirige à cour vers les filles.*
Salut les filles, ça va ? Tu t'appelles comment ? *Lâche-moi !* Et ton amie ? *Dégage !* J'aime bien cette musique. Ta

silhouette est callipyge. Quoi, tu ne sais pas ce que ça veut dire ? Pas grave. Non, mais je me rapproche un peu seulement, n'aie pas peur ma chérie. ***Benjamin lui accroche l'épaule afin de lui signifier de laisser les filles tranquilles.***
Mais, tu es qui, toi ? Laisse-moi, ce sont des amis à moi.
À nous deux ma chérie, plus près. PAF! ***Il reçoit une gifle de Benjamin.***

Yawo s'écarte et met son pouce en avant pour faire signe à Benjamin en lui faisant un clin d'œil. La musique baisse. Il se transforme à nouveau en père.

Et voilà, comme d'habitude, Benjamin repartait avec la part belle. Tous ces souvenirs, tu vois mon fils, tous ces souvenirs, c'était ça mon bonheur. Oui mais tout ça, c'était avant.

ACTE II

SCÈNE 1

***Michel, jouant son père, va chercher une chaise dans les
pendrillons, à jardin, en disant : « Et toi, mon fils, dans ta
vie d'hier et d'aujourd'hui, es-tu heureux ? ». Aussitôt
assis, il se transforme en Michel et répond à la question
du père en se lançant dans un monologue.***

Oui… Bah oui, je suis heureux, Papa. Enfin, je crois ! Comment te dire… Ce matin, les enfants nous ont rejoints dans notre lit immense. Deux mètres sur deux mètres. C'est assez grand pour accueillir la vie, pour réchauffer les cœurs et prendre le bonheur au réveil. C'est comme un grand bol de joie et de saveur qui ne nous rassasie jamais tant il est différent chaque matin. Et j'en redemande. Cette félicité contagieuse a une fâcheuse tendance à nous rendre dépendants et jamais satisfaits. C'est dur à vivre, parfois.

À trente-cinq piges, j'ai souvent le sentiment, au réveil, de passer au travers de ma vie, de ne pas l'embrasser comme il faudrait. Être l'acteur principal du film de sa vie ? Ce ne serait pas ça, le but ultime ? Mais se limiter à être un figurant, ça ne rime à rien. Et pourtant, parfois, je me retrouve comme un con, perdu au milieu des décors. J'attends. J'attends quoi ? J'attends qu'il n'y ait plus de bobine sur la pellicule ?!

Il y a deux ans, ce film a été une horreur avec la mort de Nathalie, hein, Papa ? C'était ta fille, c'était ma sœur ! Mais ce qu'il y a de bien avec la douleur, c'est que ça se partage. C'est moins lourd à porter. Depuis son départ

21

définitif, j'ai beaucoup réfléchi. Cela m'amène à penser qu'on ne devrait peut-être pas s'attacher aux gens qu'on aime. Les séparations sont trop douloureuses, elles nous changent profondément. Je réalise aussi que les blessures invisibles sont les plus dangereuses. Je sais désormais aussi que les mensonges des gens qui nous aiment sont parfois de grandes preuves d'amour. Pourtant, en surface, le masque reste le même. Alors on s'accroche à ce qu'on peut. On s'engouffre dans les brèches de nos vies. Pour imiter les autres, on fait comme tout le monde : on se marie, on réunit les proches et la famille le temps d'une soirée, on fonde une famille sur le papier. Et on bosse, on bosse, on bosse. MAIS MOI, JE NE VEUX PAS M'ESQUINTER COMME TOI, PAPA. JE NE VEUX PAS DE CETTE VIE-LÀ ! MOI, JE VEUX JOUER TOUS LES RÔLES. *Il se lève énergiquement.* Alors je brûle la vie par tous les bouts possibles et imaginables.

Je cherche une reconnaissance professionnelle *Il se dirige à jardin et mime une discussion, en même temps qu'il traverse la scène* : « Bonjour Madame l'Inspectrice, Monsieur Djiwonou de l'école Rimbaud. Oui, je sais, je vous ai envoyé dix-huit courriers rien que la semaine dernière. Je sais, c'est beaucoup. Mais c'est par rapport à mon projet d'école dynamique. L'enfant au centre du savoir, ce ne serait plus un slogan ! Dans le même lieu, nous aurions les enseignants, les thérapeutes, le RASED, la psychologue, les artistes... *Il s'aperçoit qu'elle n'est plus là lorsqu'il lève les yeux. Il la voit s'éloigner et la rappelle.* Madame l'Inspectrice ? Madame l'Inspectrice ?! ».

Elle est là, la reconnaissance professionnelle, elle brille chaque jour dans les yeux de mes élèves... Ou pas !

J'essaie de gagner du temps : Un regard sur la pendule et je réalise que la trotteuse ne s'arrête pas, que le poids du temps qui passe me pousse à laisser une trace.

Je traque l'amour de mes enfants : *Il circule sur la scène en cherchant partout, regarde sous la chaise et la propulse à jardin.* Alors qu'il est là, chaque fois qu'ils m'appellent *Papa* et que leurs bras m'enlacent. Tu as connu ça aussi papa ? Non.

Souvent, discrètement, lorsque la nuit est ronde et qu'elle recouvre notre voûte céleste, je me réveille. Je passe le pas de la porte de leur chambre. Puis je les épie, je contemple leur cage thoracique se gonfler. Je scrute la rondeur de leurs joues, je guette leurs paupières frémir. Je les écoute. Peut-être que dans leur sommeil ils osent me dire des paroles qu'ils s'interdisent la journée.

Puis je regagne mes draps. *Il s'allonge à jardin avant-scène.* La quiétude de Sophie brille dans la pénombre de la chambre. Mais elle n'efface pas les souvenirs. Les difficultés ? Sophie connaît. C'est une survivante, ma petite guerrière. Aujourd'hui encore, elle finit à peine un nouveau combat, qu'elle en entame un dernier, le ventre plein. Si tu vois ce que je veux dire.

Voilà ma vie de privilégié. Et l'ingrat que je suis ne remercie personne, mais il quémande, encore. *Il se met à genoux et prie.* Je demande à la vie de m'accorder un peu plus de temps pour chérir mes enfants. Je fais le souhait d'exister encore un peu pour qu'ils ne m'oublient pas. C'est dans l'obscurité de ma chambre nuancée de doutes et calme comme une lame de fond, que je prends conscience que la vie peut tout me donner. Tu m'as tout donné, Maman m'a tout donné. Mais la vie pourra aussi tout me reprendre un jour.

C'est comme ça ! *Il se lève et se place centre scène.*

Malgré tout, aujourd'hui est un autre jour, et je suis comblé. Je suis le gardien de mon royaume, le propriétaire de mon État et le libre arbitre de mes rêves. Bien que nous n'ayons pas les mêmes, Papa.

NOIR

SCÈNE 2

Un atelier de menuiserie. Le père est studieux. Il travaille à cour, centre scène. Une sonnerie retentit : c'est la pause de midi.

Waou, c'est déjà la pause de midi. *S'adressant à son collègue venu le chercher pour déjeuner.* Non, Kokou, je suis désolé mais je ne peux pas vous accompagner. Je n'ai toujours pas fini la pièce de Monsieur Afa-Tchao, alors qu'il me l'a donnée vendredi dernier. Non, non, non, allez-y sans moi. Dis aux gars que je serai là demain. C'est moi qui payerai.

Alors qu'il fredonne tranquillement, Akossiwa entre dans l'atelier avant qu'il ne la remarque.

Eh, Akossiwa, ça va ? Je ne t'ai pas entendue entrer. Tu vas bien ? Je suis content de te voir. Oui, oui, c'est l'atelier de menuiserie où je travaille. C'est la première fois que tu viens ? Tu ne manges pas avec tes copines de l'atelier de couture ? J'ai ma gamelle avec moi, on va partager ce que j'ai préparé, si tu veux : de la semoule, une sauce gombo délicieuse… Oui je cuisine, ça t'étonne ? Je suis un homme moderne… Ou peut-être tu n'aimes pas la sauce gombo ? Pourtant, je pense que la sauce gombo ne nuirait pas à ta silhouette callipyge.

Elle lui boxe l'épaule.

Ah, tu sais ce que ça veut dire… ? Non, non je rigole. Plus sérieusement, Akossiwa, comme le dit mon oncle en parlant des femmes : *trop de viande ne nuit pas à la sauce.*

En plein milieu de leur discussion, on l'appelle pour venir prendre son courrier, c'est le facteur. Il sort à jardin et revient avec une lettre. Il ouvre la lettre et la referme en réalisant ce qu'elle contient. Puis il continue à se diriger vers Akossiwa.

Oui, oui, ça vient de France, c'est Jean. Ça fait longtemps qu'il n'avait pas donné de nouvelles. *Il réfléchit un instant et se place centre scène, face à Akossiwa.* Akossiwa, sans que je te l'aie dit, tu sais déjà que tu es l'objet de toutes mes attentions. Tu sais aussi que j'ai déjà commencé à économiser pour aller demander ta main à ton père. Juste ta main, car ton cœur m'appartient déjà. Tu sais aussi que nous aurons des enfants. C'est avec toi que je veux vieillir. Je n'ai qu'une question à te poser. Jean ne m'a rien écrit, pas un mot, pas de nouvelles : juste un assemblage d'annonces d'offres d'emplois dans le domaine de la menuiserie. Mais c'est à Paris… Me rejoindras-tu en France ?

Il sort à cour.

SCÈNE 3

*La voix de Michel retentit dans le noir, derrière les
pendrillons : « Mais comment c'est possible, Papa ?
Comment tu as pu accepter un truc pareil ? On s'en fout,
de la tradition ! Ne pas être présent le jour des funérailles
de ton propre enfant. Comment ? Comment ? C'est pas
pour te faire mal, mais j'en ai besoin. Ce jour-là, au
funérarium, ça s'est passé comme ça... »*

*Michel traverse l'avant-scène de cour à jardin. Il sort une
feuille et lit son texte. L'ambiance est tamisée.*

« Depuis jeudi matin, moi qui avais douté de la nature
humaine, je sais désormais que l'amour existe. À vous voir
ici, tous autant que vous êtes, si différents et si proches à
la fois, je sais désormais que ma sœur était un aimant. Je
sais que son magnétisme était irrésistible. Nathalie était
une source.

Nous, la famille Djiwonou, pensions connaître la sœur ou
la fille mais...

Quand nous entendons parler de Nathalie, il est question
d'un être lumineux, de quelqu'un qui rayonne sur son
environnement en ne laissant personne indifférent.

Quand nous entendons parler de Nathalie, il est question
d'un sourire, d'à peu près cette taille-là. D'un sourire
communicatif, large, vrai, qui malgré les stigmates de la
maladie a gardé un pouvoir d'attraction.

26

Quand nous entendons parler de Nathalie, il est question de douceur. Qui ne se rappelle pas son corps rond, chaud, énergique, qu'elle entretenait en allant danser jusque tard dans la nuit avec des amis ici présents. C'était avec la complicité de Maman, rarement celle de Papa.

Quand nous entendons parler de Nathalie, il est question d'une force, d'une énergie vitale brute, qui vous entraîne, vous enchaîne et qui jusqu'à son dernier souffle l'a accompagnée.

Enfin, quand nous entendons parler de Nathalie, il est question d'un caractère. Ravageur parfois, colérique, mais qui s'évertuait toujours, toujours, après la tempête, à recoller les morceaux. Car c'est bien ça dont il est question : la réconciliation. Et Nathalie avait tout compris !

J'ose espérer que nous nous sommes tous, à notre façon, nourris de Nathalie, que nous avons tous accepté et pris ce qu'elle avait à nous donner au travers de ses actes, de ses gestes, de sa sincérité, de ses mots, de sa joie de vivre, de son sourire, de son tempérament, de ses conseils, de ses gronderies, de sa douceur, de son combat et de son courage...

Car, sans le savoir, elle nous rendait meilleurs.

La leçon de courage est donc terminée, elle va laisser place au repos et, croyez-nous, c'est un repos bien mérité. »

Il sort à jardin.

*Dans les pendrillons, la voix du père retentit dans le noir:
« Merci, mon fils. À t'entendre, c'est comme si j'y étais.
Tu sais, je suis fait de ce bois-là, la tradition est un
héritage. Et moi, j'ai décidé de le garder. On s'accroche
toujours, c'est une marque de fabrique chez nous :
l'abandon n'existe pas. »*

SCÈNE 4

*Allongé, de dos, à cour. On entend une rame de métro qui
arrive, il se réveille, se débarbouille, puis saute dans la
rame.*

*Il travaille sur un chantier. Une sonnerie retentit. Il
s'arrête, exténué, puis sort de la scène afin de s'assoir
pour manger. Alain s'approche de lui pour savoir
comment il va.*

Alain, si tu es venu pour me faire la leçon ou me remonter le moral, passe ton chemin et va manger. Bon appétit. Tu ne sais rien, ou si peu… Je rentre chez moi. Tu sais ce que c'est que de dormir sous les ponts ? De se cacher dans les stations de métro pour y trouver un peu de chaleur ? De se laver au robinet en bout de quai ? D'avoir faim, d'avoir froid ? De s'écraser à chaque vexation, par peur de faire des vagues ? Hier encore, Porte de Bagnolet, un homme d'église m'a chassé de la chapelle dans laquelle je m'étais réfugié, tu te rends compte ? Un homme d'église ! Dans ce sanctuaire qu'est la maison de Dieu... Je suis épuisé. »

Il mime le fait de prendre une carte.

Tu es sûr de l'adresse ? Entendu, j'appellerai avant dix-huit heures ton assistante sociale. Mais je n'essaierai qu'une fois. Akossiwa me manque, je n'ai plus la force. Je n'ai pas envie d'être baladé comme un indésirable. Soit ce pays veut de moi, soit je m'en vais...

Il se lève puis sort à jardin.

SCÈNE 5

Ambiance de salle de classe. Une sonnerie retentit.
Michel entre et s'adresse aux enfants. Il déambule dans
la classe.

En silence, les enfants. Allez, allez, on s'installe dans le calme. Qui peut me dire ce qu'on va faire maintenant ? La séance de lecture, très bien, Bakary ! Et à quelle page sommes-nous ? La page trente-sept, bravo, Bakary !
Allez, tout le monde en position lecteur. Le dos bien droit, le doigt sur la ligne, vous commencez en lecture silencieuse. Chut. Les premiers qui ont fini lèvent la main et je vous appelle à mon bureau. Jacynthe ! Jacynthe, le doigt, sur la ligne. Oui, mais la ligne n'est pas dans le nez. Pendant ce temps, j'ai un paquet de copies à corriger... *Il s'assoit à son bureau et se met à corriger des copies.* Quoi, Benoît, comment ça, tu as fini de lire la page trente-sept ? Tout ? Oui, mais si Papa et Maman te font tout faire, je sers à quoi, moi ?

Il prend une chaise et vient se poster centre scène pour
jouer les deux personnages.

Michel

Vas-y, commence, voilà, ici. Bien. *Belle marquise, vos beaux yeux me font mourir d'amour*. Allez, continue. Mais dis-moi, Benoît, comment as-tu appris à lire ?

Benoit

Bah, c'est les livres, Maître. Parce qu'en fait, dans les livres, y'a des lettres, mais les lettres elles font des sons. Par exemple, la lettre A, elle fait le son *aaaaah*, la lettre B elle fait le son *bbbeuh*…

Michel, *il l'interrompt.*

Non, ce n'est pas ce que je te demande, enfin! Tu ne te rappelles plus qui t'a appris à lire ?

Benoit

Non mais j'avais pas fini! Parce que les lettres, tu peux les marier ! Et après, ça fait des syllabes, et après, ça fait des mots, et après ça fait des phrases, et après ça fait des histoires, et c'est trop bien, les histoires.

Michel, *il l'interrompt, contrarié.*

C'est bon, c'est bon ! *Il se lève en prenant la chaise pour la remettre à son bureau.* J'ai compris. Continue ta lecture. Tu sais quoi, tu vas lire tout le manuel, en entier et lorsque tu auras fini, je te ramènerai un autre. Ça s'appelle, l'*Encyclopédie*.

Michel se dirige à cour avec un pas dynamique pour s'adresser à son père, en avant-scène.

Papa, papa, tu te rends compte, ce petit con n'a même pas mentionné mon nom, pas une seule fois. Putain, je passe mon temps à élaborer des progressions, des programmations, de la différenciation, je ne dors plus, je pense à ma classe même pendant les vacances, sous la douche, quand je conduis, quand je fais mes courses, quand…. Et tout ça pour quoi ? Rien. Et après ça, on te dit que c'est le plus beau métier du monde.

Michel se dirige lentement vers le bureau et se transforme, petit à petit, en père.

Donc ton métier te fait souffrir. Mais rassure-moi, mon fils, tu es rémunéré quand même ? D'où je viens, il n'y a que la valeur du travail qui compte. Ce qui nous paye : c'est le repas du soir, pas les compliments des enfants. Crois-moi, il n'a rien d'ingrat ton Benoît, c'est juste un gosse… **_En s'asseyant à son bureau._** Des ingrats, inhumains et méprisants, moi, j'en ai croisé.

ACTE III

SCÈNE 1

***Dans le cabinet d'un docteur. Une discussion s'engage
entre le docteur (voix OFF) et le père.***

Le père

On ne comprend plus rien, Docteur. Elle s'est fait opérer il
y a quatre mois par votre confrère. Le compte-rendu ne
signalait rien de tel. Les fibromes avaient été enlevés,
tous ! Et hier soir aux urgences, à nouveau une
intervention...

Le docteur

Écoutez, je comprends votre étonnement.

Le père

Ma fille se met à perdre du poids, elle ne mange plus. Il lui
arrive parfois de n'ingurgiter
qu'un yaourt dans la journée. Un yaourt. Elle m'appelle, en
pleurs !

Le docteur

Monsieur Djiwonou, nous allons justement en parler.

Le père

Non, Docteur, fini d'en parler : j'ai besoin que vous agissiez. Ma famille attend des réponses et ma fille, une solution. C'est trop !

Le docteur

C'est justement pour cela que je vous ai fait venir ce matin. Nous avons pris une décision avec mes confrères.

Le père

Quels confrères ? De qui me parlez-vous ? Lorsque qu'il y a décision collégiale, c'est qu'il se passe quelque chose. Soit, vous me dites ce qui se passe, soit vous vous moquez de nous. Et je peux vous garantir que je ne suis pas d'humeur.

Le docteur

Je sais, Monsieur.

Le père

Est-ce que vous avez des enfants ?

Le docteur

Deux : un garçon et une fille. Mais je ne vois pas le rapport.

Le père

Est-ce qu'ils sont malades actuellement ?

Le docteur

Non, mais là n'est pas la question. Je suis à ma place et vous êtes à la vôtre. Et je suis forcé de constater que je ne peux pas vous aider si vous continuez ainsi.

Le père

Vous m'insultez ? Mais c'est le sort et une avalanche de circonstances qui nous ont placés chacun d'un côté de ce bureau. Vous faites preuve de condescendance subitement et cela me déplaît. Vous n'avez pas le monopole de l'intelligence scientifique. Dans d'autres lieux, d'autres circonstances, en Afrique par exemple, si vous étiez malade au beau milieu de la brousse et que j'étais marabout, vous seriez suspendu à mes gris-gris et autres incantations pour vous guérir. Et je mets ma main à couper que vous n'auriez pas le ton d'un donneur de leçons.

Le docteur

Il tousse.

Le père

Est-ce que j'ai votre attention, maintenant ?

Le docteur

Je vous écoute, Monsieur Djiwonou.

Le père

Merci de me répondre comme si j'étais un gamin de six
ans qui n'a besoin que d'une chose : la vérité.

Le docteur

Entendu.

Le père

Est-ce que vos enfants sont malades actuellement ?
Gravement, je veux dire ?

Le docteur

Non.

Le père

S'ils l'étaient, vous leur diriez la vérité ?

Le docteur

Mais enfin, c'est plus compliqué que ça, il y a des
paramètres à prendre en compte.

Le père

Je m'en contrefous. Est-ce que vous leur diriez la
vérité, bordel ?

Le docteur

La vérité ? Votre fille a un cancer. Une tumeur de dix
centimètres dans l'utérus. J'ai jamais vu un truc pareil.
C'est arrivé à une vitesse incroyable. Le compte-rendu
suite à l'ablation des fibromes ne laissait pas présager ça,
mais il semblerait que des facteurs encore inconnus ou un
terrain propice à la prolifération de métastases soient en
cause. Nous effectuons encore des analyses. L'utérus de
votre fille est très abîmé, Monsieur. Vous comprenez ?

Le père

...

Le docteur

À l'heure où je vous parle, elle est sous sédatif car la nuit
dernière a été très douloureuse. Très, très douloureuse…
Nous n'avons pas d'autre choix que d'entamer une
chimiothérapie tout de suite et de manière intensive pour
essayer d'avoir une chance après l'ablation totale de son
utérus. Ensuite nous verrons comment évolue son état.
Car il y aura forcément des dommages collatéraux,
Monsieur Djiwonou. Voilà la vérité !

Le père

Combien de temps ?

Le docteur

Impossible à dire, mais…

Le père

Mais…

Le docteur

Ses jours sont comptés…

Le père s'effondre et baisse la tête. Puis, se retransformant brusquement en Michel, il tape du poing sur la table.

SCÈNE 2

Mais c'est plus que méprisant, ça. Je ne peux pas les piffrer, ces mecs, ces briseurs de rêves en blouse blanche tout haut perchés sur leurs certitudes. Sous prétexte qu'ils ont fait « bac plus quinze », ils te reçoivent entre deux rendez-vous. Tu peux voir leur diplôme en quatre par trois juste derrière eux et j'imagine un minuscule astérisque à côté duquel on peut lire « Annonciateur de mauvaises nouvelles professionnel ». Et ils sont là, à utiliser leur jargon incompréhensible. De manière mécanique et froide, les mecs t'annoncent : LA MORT. Et tu as vécu ça pour Nathalie. Oui, moi aussi, j'ai souffert, mais je n'ai rien connu de tel. J'ai pas connu le froid parisien, seul ; les nuits près des bouches de métro ; le labeur au Togo comme toi. Non, à part Nathalie, rien, je n'ai pas connu une douleur

pareille ! Non, Papa, je suis gêné, c'est futile, un détail…
Sérieusement, ça me gêne… Bon. Si tu insistes…

La dernière grosse douleur en date, c'était au lycée. Je
garde tout un tas de souvenirs du lycée… Les cours
soporifiques, les premières amitiés, le sport à outrance, les
choix de vie et de philosophie et puis l'écriture. Et
pourtant, c'était pas gagné.

Tu te souviens de ma prof de français, en seconde ?
Madame Varsian, voilà. Je la revois me rendre ma copie
catastrophique, devant toute la classe, comme ça : « Trois
fautes à chaque ligne ! C'est affligeant, Monsieur
Djiwonou ! Vous n'arriverez à rien dans la vie ».

Connasse !

Ben, tu vois papa, ça aurait pu me détruire, ça aurait dû
me détruire : bah, non !

Imagine le lycée de Corbeil, troisième étage, bâtiment A,
une salle immense. Des rayonnages d'ordinateurs, à perte
de vue, des écrans à foison, des claviers en veux-tu en
voilà. C'était une après-midi d'automne. *Il va prendre une
chaise dans les pendrillons et la pose à jardin en avant-
scène.* La salle était vide. J'écrivais un poème sur Cathy.
Alors Cathy, Papa, c'était la meuf que j'avais dans le cœur
et la tête à l'époque. Elle avait tout pour elle, mais elle ne
le savait pas. C'est justement ce qui faisait tout chez elle :
douce, belle, souriante, drôle… *Il s'assoit sur la chaise.*
Bref, j'écrivais mon poème. *Il marmonne quelques lignes
sans s'apercevoir que quelqu'un s'est approché.*

Michel *(surpris par l'arrivée de Cathy)*

Cathy ! Qu'est-ce que tu fous là ?

Cathy

C'est toi qui écris ça ?

Michel

Non, non, enfin oui, c'est moi qui écris, mais ce n'est pas moi. C'est un pote qui veut garder l'anonymat et publier son poème dans le journal du lycée.

Cathy

Je veux le rencontrer toute de suite. C'est « lui ».

Michel

Lui… Lui, quoi ?

Cathy

Lui que je cherche depuis si longtemps. J'aime sa prose, j'aime sa plume, sa façon d'écrire… Oh, si ça se trouve, je l'aime tout court.

Michel

Cathy, calme-toi. Il veut garder l'anonymat. Et si ça se trouve, il a déjà une meuf.

Cathy

Michel, on se connaît depuis quand ? J't'ai déjà demandé quelque chose ? À part de m'écouter trois heures d'affilée au téléphone, mes soirs de déprime…

Michel

Rien, Cathy. Tu ne m'as jamais rien demandé.

Cathy

Alors s'il te plaît, arrange-moi un rendez-vous avec lui. C'est peut-être « lui ». Tu comprends ? Dis-moi que tu comprends !

Michel *Excédé*

J'en sais rien, Cathy

Cathy *Insistante*

Michel, Michel, allez Michel… ?

Michel

Putain, d'accord ! Demain, bâtiment A, premier étage, récréation du matin, machine à café, banc au fond, à gauche.

Cathy

J'y serai ! J'y serai.

Michel parle à son père.

Lorsqu'elle s'est éloignée, Papa, j'ai relâché ma respiration. J'avais peur de la décevoir. C'était moi, l'auteur. J'étais son « lui ». **Il se lève et se dirige petit à petit à cour.** Mais là, je devais composer, trancher entre mon cœur et ma raison. Je ne pouvais pas laisser passer ça. Cathy me regardait pour la première fois. Je me rendis donc au rendez-vous : bâtiment A, premier étage, récréation du matin, machine à café, banc au fond, à gauche.

Il est à cour avant-scène, attendant à la machine à café.

Cathy

Pourquoi tu es là ? Il n'est pas venu ? Il est absent ?

Michel

Non... en fait...

Cathy

Tu lui as dit un truc qu'il fallait pas ? Il a déjà une meuf ? Qu'est-ce qui se passe ? Il est où ?

Michel

Non ! Mais...

Cathy

Mais quoiii ?

Michel

Non, en fait, Cathy… Je suis « lui », en fait ! C'est moi, quoi…

Cathy

Rire. T'es con, j'ai failli te croire. Allez dis-moi, il est où ?

Michel

…
Triste et effondré.

Cathy

Pourquoi ? Pourquoi tu me fais ça ? ***Elle s'en va***

Michel

Cathy ! Cathy, attends…***Il essaye de la rattraper mais s'arrête en fond de scène avant de revenir.***

À ce moment précis, nous avons chuté en même temps, tous les deux. J'avais le sentiment que tout le monde me regardait. Nous étions les acteurs d'une tragédie que j'avais moi-même orchestrée et écrite. Cathy était au premier rang et son visage se décomposait. Dans ses yeux, je perdais toute ma valeur. Des larmes commençaient à se profiler au coin de ses yeux. Emmenée par une paire de *Converse All-Stars* bleues, elle disparaissait dans la foule.

Tu vois, Papa, j'aurais dû être « lui ». Malheureusement, ce jour-là, dans les couloirs du bâtiment A, premier étage, récréation du matin, machine à café, banc au fond, à gauche, je n'étais que moi.

Michel se transforme en son père.

Je comprends, c'est dur. Tu as ton quotidien et j'ai le mien. Je te demande juste de regarder d'où je viens, peut-être pourras-tu savoir où tu vas. *Il cherche où s'assoir et va chercher une chaise dans les pendrillons. Il s'installe à cour avant-scène et s'assoit.* J'ai une histoire pour toi.

SCÈNE 3

Il y a peu de poussière aujourd'hui. Elle a beau hâter sa course, la terre rouge ne veut pas faire de vagues. Elle traverse le champ voisin et accélère car elle ne peut pas rater le départ de son fils. Elle court, donc.

Au village, la nouvelle a fait le tour : le fils Djiwonou Hodor tente la grande aventure, il traverse une partie de l'Atlantique et de la Méditerranée. De l'autre côté, sa terre promise : LA FRANCE. Celle dont on parle avec les yeux qui brillent, celle du Président « DéGaulle », celle de la tour Eiffel, celle d'une vie meilleure, cette France qui a mis tant de frères dans son ventre et les leur a rendus assimilés ou changés en petits blancs.

Sa course silencieuse prend fin quand elle rentre dans le village. Une haie d'honneur silencieuse s'improvise, les

« matriarches » sont là. Elles connaissent ces situations où la séparation est déchirante mais inévitable.

Derrière la case parentale, il finit de se doucher, il s'arrête momentanément car une éclaircie perce entre les feuilles des bananiers. Elle semble lui indiquer qu'il doit prendre son temps. Tempérer et saisir l'instant. La lumière pleut sur son visage. Il songe maintenant à des temps révolus : la dureté de son père, la rigueur de son premier et dernier enseignant de l'école primaire, l'apprentissage de la menuiserie, les sacrifices consentis pour économiser afin de pouvoir payer son billet pour le bateau. Soudain, on klaxonne. C'est Kodjo, son ami. Il n'a même pas le temps de finir de se sécher, il empoigne sa valise, embrasse sa mère sur le front, monte dans le taxi, adresse un signe aux matriarches, puis se fait avaler par la brousse et ses artères rougeâtres. Pour lui, le village, c'est fini. Dans sa tête, déjà, il est passé à autre chose. L'autre monde. Il sait qu'en quittant la maison il faudra faire d'autres sacrifices. Il sait que Papa le regarde, là-haut.

Mais ce qu'il ne sait pas, c'est qu'après son départ, elle n'a pas pleuré. Ferme les yeux. Vas-y, mon fils, ferme les yeux. Imagine-la déposer une petite bâche en plastique à l'endroit où les pieds de son fils avaient marqué la terre une dernière fois.
Imagine-la entreposer soigneusement des cailloux aux extrémités de la bâche en forme de cercle, afin que celle-ci ne s'envole pas. Afin que les empreintes des pieds de son fils ne s'effacent pas. Imagine-la attendre dix-sept jours. Jusqu'à ce qu'elle ait eu la nouvelle qu'il était bien arrivé en France. **Michel se lève.** Imagine-la soulever délicatement cette bâche pour effacer ce qui restait des

empreintes, pour qu'elle puisse tourner sa page et verser sa larme, elle aussi.

Imagine-la. Elle, c'est ta grand-mère. *Il sort en fond de scène, au centre. En même temps, la voix OFF de Michel retentit.*

« Je me souviens, sa concentration était grande et il faisait preuve d'une acuité particulière lorsqu'il me révélait sa construction intime, son parcours personnel, son passé qui a fait de lui l'homme qu'il est aujourd'hui. Mais que faire de tous ses souvenirs ? Se pouvait-il qu'un jour tout cela tombe dans l'oubli ? »

ACTE IV

SCÈNE 1

La scène se passe sur un port, dans la file d'attente des services de l'immigration. Le comédien porte une valise. Il s'approche lentement en centre scène, puis pose sa valise pour en réajuster la fermeture. Une conversation s'engage entre deux personnages joués par le comédien.

Un arrivant

Oup ! Pardon.

Un partant

Un coup de main ?

Un arrivant

Non merci, jeune homme, c'est gentil. Non, c'est plus cette valise qui m'agace, grrr. Je n'arrive pas à la fermer.

Un partant

Mon père a la même. Maman l'a gardée en souvenir. Elle a du mal à s'en séparer depuis son départ.

Un arrivant

Ah ? J'ai acheté la mienne au marché de...

Un partant

Davedi, non ? Au marché de Davedi ?

Un arrivant

Comment sais-tu ça ?

Un partant

Je sais.

Un arrivant

M. Wolou, qui tient la boutique, surestime un peu ses marchandises. Son fils, à l'arrière du magasin, n'a pas fini son apprentissage en maroquinerie, tout le monde le sait. Du coup, ça se ressent sur leurs articles.

Un partant

Oui, un jeune sec, avec des épaules interminables, des mains calleuses, un air un peu débonnaire, très gentil. C'est ça ? Mon père me l'a décrit comme tel. Il a toujours sa cicatrice à... ?

Un arrivant

...À la joue gauche !

Un partant

Voilà.

Un arrivant

Mais…mais…mais comment sais-tu tout cela ? Je ne comprends pas : tu es trop jeune.

Un partant

Mon père, c'est mon père qui m'a tout raconté.

Un arrivant

Et qu'est-ce qu'il t'a dit d'autre, ton père ?

Un partant

Oui, il m'a donné le contenu de votre valise.

Un arrivant

Hum ?

Un partant

Je t'écoute, petit.

Un arrivant

Déjà, commençons par les habits. Vous avez cinq ou six chemises. Certaines taillées dans un beau wax hollandais, d'autres plus classiques, à la mode européenne. Deux ou trois pantalons parfaitement repassés, avec le pli au milieu. Une veste, que vous portez déjà sur vous, et une écharpe. Sûrement un cadeau de dernière minute d'un ami qui sait qu'ici, les hivers sont rudes. Enfin, votre paire de mocassins qui a déjà été portée par une dizaine de types avant vous.

Un arrivant

Hum !

Un partant

On continue avec la nourriture ? Vous avez forcément des feuilles de citronnelle du village pour vous confectionner un thé chaud revigorant, du gari et du veyi emballés dans du plastique « quadruple épaisseur », quelques brochettes de tchitchinga et, avec un peu de chance, des gombos.

Un arrivant (*étonné*)

Yooohh !

Un partant

On finit ? Vous avez des discours de, Thomas Sankara, Sekou Touré, Lumumba et Sylvanus Olympio, forcément. La Bible, bien évidemment. ***En se grattant le menton.*** J'hésite pour le dernier. Disons : L'Étranger, d'Albert Camus !

Un arrivant

Co... comm... comment fais-tu ? C'est impossible. Si on m'avait dit que... que !

Un partant

Ne vous inquiétez pas. C'est mon père, je vous dis.

Un arrivant

Mais, dis-moi petit, il s'appelle comment, ton père…?

NOIR.

***Il sort en fond de scène. En voix OFF, un dialogue
entre Michel et son père s'engage.***

Michel

Tu as fait un long voyage pour venir ici. On t'avait parlé du
rêve français. Mais a-t-on dessiné les cauchemars qui
l'accompagnaient ?

Père

C'est une vie qui valait tous les sacrifices. On ne m'a
pas appris à rêver, on m'a appris à traquer la réalité. À
faire le grand saut et à réussir, coûte que coûte.

Michel

Tu as peut-être tout perdu, l'amour de ta terre et peut
être aussi celui des tiens.

Père

C'était écrit. J'ai été mon propre scénariste.

Michel

Tu étais le prisonnier. Et tu as construit ta propre prison. C'est une vie de labeur qui t'a attendu.

Père

Je voulais voir autre chose, je me sentais investi d'une mission... Si tu avais vu le village, à mon départ. La haie d'honneur !

Michel

Une haie d'honneur au départ. Et à l'arrivée ?

Père

Je ne sais pas. On verra dans quelques années.

Michel

Hum, dans quelques années, la France te recrachera.

Père

Non, on ne recrache pas un fils.

Michel

C'est vrai, mais tu as oublié, lorsque tu dormais à la belle étoile, les soirs d'hiver, transi de froid, près d'une bouche de métro : elle était où, ta France ? Tu as oublié qu'on te renvoyait, sous forme de blague, ta couleur de peau en plein visage sur les chantiers. Tu as oublié que pour les autres, là-bas, au pays, tu n'en n'as jamais fait assez. Tu es revenu, mais changé.

Père

Lorsque je regardais les étoiles, je voyais nos aïeux scintiller le soir, je réalisais le chemin parcouru. Je m'imaginais donner la main à ma femme dans les rues de Paris, je me voyais être le témoin de l'ascension sociale de mes enfants. Je me voyais les convaincre de toujours rester soudés et de ne rien laisser les désunir. Quoi qu'il arrive. Et j'y suis arrivé. Tout cela me rend fier. Fier des efforts et des sacrifices accomplis. Qui ne sont rien au regard de ma réussite.

Michel apparaît en fond de scène dans les empreintes déjà tracées.

Michel

Merci, Papa, je t'entends maintenant. Je comprends : « un singe qui ne peut atteindre un fruit, en haut d'un arbre, dit de lui qu'il est amer. »
Michel avance et prend la valise en regardant le public.

FIN

9 782957 677603